AF296599

OBSERVATIONS
SUR LA CONSTRUCTION
DE LA CARTE
DE L'OCÉAN ORIENTAL
OU MERS DES INDES.

POUR servir aux Vaisseaux du Roy. Dressée au Depôt des Cartes, Plans & Journaux de la Marine : par ordre de M. le Comte de Maurepas 1740.

L A Carte de l'Océan Oriental ou Mers des Indes, comprend les côtes d'Afrique, depuis le Cap de Bonnne-Espérance, jusqu'à la mer Rouge avec les Isles de Madagascar, de Bourbon, de France, &c. & les côtes d'Asie, depuis la Mer Rouge jusqu'à Canton dans la Chine, où l'on trouve les côtes de l'Inde, celles de Malabar& de Coromandel, Isle de Ceylan, Golfe de Bengale, côtes de Pegu, Golfe de Siam, Cochinchine, Tonquin & partie de la Chine, avec les Isles de Sumatra, Java détroit de la Sonde, Borneo, &c.

Cette Carte est au même point que celles de l'Océan Occidental

2

& de l'Océan Méridional, dreſſées au Dépôt en 1738. & 1739.
dont elle devient une ſuite néceſſaire ; & comme on a rendu
compte de la conſtruction de ces deux Cartes par des Mémoires
particuliers, on ne peut ſe diſpenſer d'en uſer de même pour cel-
le-ci, d'autant que les changemens & les corrections qu'on a été
obligé d'y faire, ne ſont pas moindres, & qu'elles intereſſent encore davantage les Navigateurs de toutes les Nations.

L'Analyſe de cette nouvelle Carte demanderoit peut-être une
diſcuſſion plus étendue, puiſqu'il faut non-ſeulement établir les
principales Obſervations dont on s'eſt ſervi pour les poſitions générales ; mais faire voir auſſi le rapport que les diverſes parties ont
entr'elles ; & comment les remarques particulieres, faites en différens tems, par différens Navigateurs, tantôt ſur un lieu, tantôt
ſur un autre, s'accordent entre elles, & ſe réuniſſent à la correction générale des points fixes : Il faut en même tems comparer nos
poſitions avec celles des Cartes Marines Angloiſes & Hollandoiſes,
dont on s'eſt ſervi juſqu'à préſent comme les meilleures, pour faire
connoître les erreurs conſidérables dont elles ſont remplies, & la
néceſſité où l'on étoit d'en entreprendre la correction. Ce que
nous tâcherons de faire avec le plus d'ordre, mais le plus briéve-
ment qu'il ſera poſſible.

La Carte de l'Océan Oriental porte ſur les mêmes principes
que les précédentes qui ſont ſorties du Dépôt ; c'eſt-à-dire, que
les obſervations Aſtronomiques faites par les Aſtronomes con-
nus, en ſont la prémiere baſe. les Routes des Navigateurs ex-
traites avec ſoin de leurs Journaux, réduites avec méthode, comparées entr'elles, & confirmées les unes par les autres, viennent enſuite, & ſervent non ſeulement à nous aſſurer de la juſteſſe
des Obſervations Aſtronomiques ; mais encore y ſuppléent avec
ſuccès dans les endroits où elles ſe trouvent manquer. On peut
voir dans les Analyſes précédentes la preuve d'une vérité ſi importante pour la conſtruction des Cartes Hydrographiques ; elle y a
été miſe dans tout ſon jour, à ce que l'on croit : ainſi on ſe contente d'y renvoyer ; il eſt cependant bon d'avertir que l'on en trouve de nouvelles preuves dans cette Analyſe, & qu'il eſt aiſé de
les raprocher, & de les réunir ſous un même point de vûe pour en
mieux ſentir toute la force.

On ſuit pour cette Carte-ci la même projection que pour les
précédentes, toujours dans la ſupoſition de la terre ſphérique ; on
continue la longitude Orientale en conſéquence du premier Méridien poſé à l'Obſervatoire de Paris ; enfin on diviſe un des Tro-
piques ou tout autre Cercle parallele à l'Equateur en heures &

minutes d'heures : le tout par les mêmes raisons qui nous y ont déterminés dans les Cartes précédentes, & que nous avons expliquées dans leurs Analyses.

Avant que d'entrer dans le détail particulier des Remarques & & Observations dont on s'est servi pour déterminer la position des principaux Caps, & de ce grand nombre d'Isles, il faut dire un mot de la projection générale de la nouvelle Carte & des différences qui s'y trouvent avec les Cartes Hydrographiques dont on se sert aujourd'hui pour la Navigation de ces Mers.

La Carte Hollandoise de Piéter-Goos, dont tous les Navigateurs font usage, met Canton dans la Chine par les cent trente-quatre degrés trente minutes de longitude Méridien de Tenerif, ce qui revient à environ cent seize degrés vingt minutes à l'Orient du Méridien de Paris. Or les Observations Astronomiques faites à Canton, & celles faites à Pekin, dont on connoît exactement le rapport avec Canton, déterminent la position de cette ville à cent dix degrés quarante minutes à l'Orient du Méridien de Paris; donc la Carte Hollandoise erre en longitude, cinq degrés deux tiers sur cette position.

Si l'on prend les Cartes Angloises de Thornton, que les Navigateurs regardent aujourd'hui comme les meilleures; quoiqu'elles ne soient pas réduites, & que par conséquent on ne puisse y [naviguer juste dans des traversées un peu longues ; on trouvera en les examinant avec attention, & faisant les réductions (a) nécessaires, qu'el-

(a) Comme les Cartes Angloises de Thornton sont des Cartes plates, il a fallu pour faire cette comparaison, leur déterminer une longitude, en conséquence des airs de vent & des distances, & eû égard à la route qu'elles marquent d'un lieu à un autre ; ce qui a donné entre le Cap de Bonne-Espérance & Canton quatre-vingt-neuf degrés trente minutes de longitude. Ensuite il a fallu chercher la longitude qu'ils donnent au Cap de Bonne-Espérance, sur laquelle leurs différentes Cartes ne s'accordent pas.

Dans le Pilote Anglois Edition de Londres mil sept cens trente-deux, on trouve une Carte réduite de Thornton Hydrographe, dont le premier Méridien passe à Londres, qui met le Cap de Bonne-Espérance à quinze degrés 25. minutes de longitude Orientale ce qui revient à treize degrés du Méridien de Paris: ajoutez à ces treize degrés les qua-

tre-vingt neuf degrés trente minutes trouvés ci-dessus pour la différence des Méridiens du Cap de Bonne-Espérance & de Canton, on aura suivant ces Cartes cent deux degrés & demi pour la longitude de Canton.

Si on prend la Carte de Mr. Halley, le Cap de Bonne-Espérance y est quinze degrés à l'Orient de Londres, qui reviennent à douze degrés trente cinq minutes du Méridien de Paris, ce qui, comme on voit, augmenteroit encore l'erreur.

Mais suivant d'autres Cartes en plus grand point de Thornton & insérées dans le Pilote Anglois, on trouve que le Cap de bonne-Espérance tombe à environ quatorze degrés à l'Orient du Méridien de Paris ; ce qui aproche le plus de vrai ; c'est sur cette derniére détermination, comme la plus favorable aux Cartes Angloises, qu'on a étabi la comparaison ci-dessus.

A ij

4

les placeroient Canton à 104. degrés à l'Orient du Méridien de
Paris, ce qui différe de la vraie pofition de fix dégrés quarante minutes : on voit donc que les Anglois, pour éviter l'erreur dans
laquelle ils fentoient que les Cartes Hollandoifes tomboient en pla-
çant Canton cinq degrés trop à l'Eft, ont tombé dans une erreur
plus confidérable en le rapportant près de fept degrés trop à l'Oueft,
de forte que les Cartes Angloifes différent des Cartes Hollandoifes d'environ onze degrés quarante minutes fur la longitude
d'une même place.

La pofition de Canton emporte néceffairement de celle du Golfe de Siam ; & les Ifles de Java, Sumatra, &c. qui deviennent
toutes auffi défectueufes, en voici la preuve. Achem à la pointe
du Nord de Sumatra, tombe fuivant la Carte Angloife à quatre
vingt-quatre degrés à l'Orient du Méridien de Paris, & fuivant
la Carte Hollandoife, à quatre-vingt- dix-fept degrés ; cependant
fa véritable pofition doit être à quatre-vingt-treize degrés trente
minutes, comme il fera prouvé ci-après. Voilà donc entre ces
deux Cartes une différence de treize degrés en longitude pour
le même lieu, qui par ce parallele valent environ deux cens foixante grandes lieues de France de vingt au dégré.

Mais fans entrer dans la difcuffion d'un grand nombre de points,
qui nous jetteroit trop loin, on fe contentera de rapporter encore un exemple.

Le Cap Gardafuy, qui eft le dernier de l'Afrique, à l'entrée
du Golfe de la Mer Rouge, feroit fuivant la Carte Angloife,
à quarante-cinq degrés de longitude Orientale du Méridien de
Paris, & fuivant la Carte Hollandoife à cinquante-cinq degrés,
voilà ici dix degrés de différence entr'elles. Cependant ce Cap
doit être par les quarante-huit degrés de longitude, comme on
l'établira inconteftablement ci-après ; ainfi l'Anglois ne s'éloigne
du vrai fur cette pofition que de trois degrés de trop vers l'Oueft,
tandis que l'Holandois s'en écarte de fept degrés en fens contraire ; & les fuivant jufqu'au fond de la Mer Rouge, on les trouve
alors différer de quatorze dégrés fur la longitude de Suez, obfervant que l'Anglois le place fix degrés trop à l'Oueft, & l'Hollandois huit dégrés trop à l'Eft.

Il eft aifé de fentir combien toutes ces différences, qui ne gar-
dent entr'elles aucunes proportions, doivent influer fur le giffement ; étendue & contour de toutes les Côtes & Ifles comprifes
dans cette vafte partie du Globe de la Terre ; & à quels dangers
font expofés les Navigateurs qui ont été jufqu'ici dans la néceffité
de fe fervir de pareilles Cartes.

On ajoûte encore que des erreurs fi confiderables en longitude , ne font pas le feul défaut de ces Cartes ; les latitudes, objet très-important, & fur lequel on eft toujours guidé avec plus de facilité, n'y font pas exactes. On verra dans le cours de cette Analyfe plufieurs erreurs en latitude, allant fouvent jufqu'à un degré & quelquefois davantage , & dont la correction eft conftatée de façon qu'elle ne laiffe rien à défirer pour la sûreté des Navigateurs.

Il faut cependant convenir que dans le Pilote Anglois on trouve plufieurs Cartes de diverfes parties des Indes , où le giffement particulier de certaines Côtes & quelques diftances font affez bien. Nous les avons fuivies par préférence , lorfque nous n'avons rien eu de mieux , obfervant toujours de les affujettir à nos points fixes de longitude , & à des latitudes exactes.

ANALYSE DE LA CARTE.
PREMIERE PARTIE.

Côtes d'Afrique depuis le Cap de Bonnne-Efpérance jufques & compris la Mer Rouge.

LE Cap de Bonne-Epérance eft placé fur la nouvelle Carte à dix-fept degrés quarante - quatre minutes à l'Orient du Méridien de Paris, fuivant l'Obfervation Aftronomique qui y a été faite par les PP. Jéfuites.

On a fuivi cette détermination de longitude d'autant plus volontiers , qu'elle eft conforme à celle que le P. Coronelli, Cofmographe de la République de Venife & grand Aftronome, a donné au Cap de Bonne-Efpérance. On trouve dans fa Carte de la Route de Breft à Siam, dreffée fur les Remarques de fix Mathématiciens envoyés à la Chine par le Roy en 1685. que ce Cap eft par la longitude de trente-fept degrés trente-quatre à trente-cinq minutes, pofant le premier Méridien à l'Ifle de Fer ; or l'Ifle de Fer étant, fuivant les Obfervations Aftronomiques, dix-neuf degrés cinquante-une minutes plus Occidentale que Paris, fi on les ôte de trente fept degrés trente-quatre minutes de longitude Orientale, il reftera, fuivant cette Carte, dix-fept degrés quarante-quatre minutes pour la différence du Méridien de Paris, à celui du Cap de Bonne-Efpérance, conformément à celle donnée par Obfervation Aftronomique.

M. de l'Isle, dont le sçavoir est connu dans toute l'Europe, donne la même longitude au Cap de Bonne-Espérance dans sa Carte générale d'Afrique publiée eu 1700.

Mais indépendamment de l'autorité de deux aussi célébres Géographes, on peut voir dans l'Analyse de la Carte de l'Océan Méridional le concours de différentes routes de Navigation qui ont servi à confirmer cette détermination, & qui seules auroient suffi pour placer ce Cap au même point où le porte l'Observation Astronomique.

La latitude du Cap de Bonne-Espérance est aussi 'déterminée par Observation Astronomique à trente - quatre degrés quinze minutes, ce qui est différent des Cartes Angloises & Hollandoises, où elle est marquée plus Sud. Le gissement de la côte & la distance jusqu'au Cap des Eguilles, sont suivant les relévemens faits par les Navigateurs d'un cap à l'autre, de sorte que le Cap des Eguilles est sur la nouvelle Carte par les trente-quatre degrés quarante-cinq minutes, lorsque Piéter-Goos le marque par les trente-cinq degrés, & l'Anglois quinze minutes encore plus Sud. On peut voir les Journaux des Navigateurs, (a) qui ont pris hauteur auprès de ce cap, & qui disent ne l'avoir jamais trouvé que par les trente-quatre dégres quarante à quarante-cinq minutes au plus.

Le Banc des Eguilles a mérité quelques corrections, d'autant que les Cartes de Piéter-Goos ne lui donnent pas assez d'étendue de l'Est à l'Ouest, & que celles du Pilote Anglois lui en donnent trop. On trouve dans les Journaux de quelques Navigateurs (b) des Remarques sur l'étendue de ce Banc, (c) & l'un d'eux ayant fondé avec exactitude en traversant des Acores de l'Ouest à celles de l'Est par la latitude de trente - cinq à trente-six degrés n'a trouvé que soixante lieues au plus de longueur. Il ajoûte que sa largeur du nord au sud, est de quarante lieues, ayant eu la fonde dans une autre Campagne par la latitude observée de trente - sept degrés.

Le gissement, contour & détail particulier de la côte d'Afrique depuis le cap des Eguilles jusqu'au cap Gardafuy, qui fait l'en-

---

(a) Journaux des Vaisseaux de la Compagnie des Indes.
Le Jason 1726.
La Syrenne, 1728.
Le Duc de Chartres, 1731.
La Vierge de Grace, 1733.
Le Duc d'Anjou, 1735.

Le Fleury, 1736. &c.
(b) Journaux des Vaisseaux de la Compagnie.
Le Lys, 1727.
Le Heron, 1732.
Le Philbert, 1733.
(c) Le Philbert, 1733.

trée du Golfe de la Mer Rouge, eſt tiré de différentes Cartes du Pilote Anglois, qui comparées avec des Routiers & des inſtructions qui ſont au dépôt pour la navigation de ces Côtes, ont été reconnues exaĉtes dans pluſieurs parties, & reĉtifiées dans d'autres.

On a conſulté ici quelques Cartes Portugaiſes, & on peut aſſurer qu'elles ne méritent aucune attention, comme preſque toutes les anciennes Cartes, quoiqu'on puiſſe être ſurpris que les Portugais, la premiere des Nations de l'Europe qui a découvert ces Côtes, & celle qui les a le plus fréquenté, en ait eu une connoiſſance auſſi imparfaite.

Quoi qu'il en ſoit, tous les Navigateurs les plus pratiques de ces Côtes, conviennent que le Pilote Anglois eſt ce qu'il y a de mieux juſqu'à-préſent pour cette partie, & nous en ſommes convaincus; car ayant ſuivi le détail de pluſieurs de ſes Cartes depuis le Cap de Bonne-Eſpérance juſqu'au cap Gardafuy, il nous a conduit à placer ce dernier cap préciſément au même point (à vingt ou trente minutes, près ce qui n'eſt rien en longitude) où la projeĉtion générale de notre Carte le devoit établir, eu égard à la détermination de pluſieurs autres points fixes, c'eſt-à-dire, par les quarante-huit degrés à l'Orient du Méridien de Paris, comme on va le démontrer.

Pour déterminer par les Routes de Navigation la longitude du Cap Gardafuy, on a 1o. cinq Navigateurs différens partant du Cap de Bonne-Eſpérance, dont les routes réduites donnent à l'attérage du Cap Gardafuy le Nord-Eſt quart de Nord, 1. à 2. dégrés Nord, onze cent lieues, accord bien précis ſur une eſtime de treize à quatorze cens lieues de chemin. Il n'y a qu'à voir les Journaux des Vaiſſeaux de la Compagnie des Indes, le Duc de Chartres 1733, le Royal Philippe 1732. le Mars 1731. en allant & en revenant. On a même de ce dernier deux Journaux tenus par des Navigateurs différens; ce qui doit confirmer la juſteſſe de l'eſtime. Ces routes s'accordent donc à ne donner pour la différence des Méridiens entre le Cap de Bonne-Eſpérance & le Cap Gardafuy, que trente degrés quinze à vingt minutes; or le Cap de Bonne-Eſpérance étant établi par Obſervation Aſtronomique à dix-ſept degrés quarante-cinq minutes, ſi l'on y ajoûte trente degrés quinze minutes, on aura quarante-huit degrés pour la longitude du Cap de Gardafuy; comme on l'a dit ci-deſſus.

2o. Cette longitude eſt encore établie par d'autres points, la Côte de Malabar eſt detérminée par une ſuite d'Obſervations Aſtronomiques, qui ne laiſſe rien à déſirer, & dont on rendra compte par la ſuite. On a des routes de Navigation du Cap Gar-

dafuy à Mangalor, à Calicut & à Cochin ; fi l'on pointe ces routes en fens contraire, comme il eſt aiſé de le faire, elles parti-
ront alors de points fixes, & reviendront fe réunir toutes fur le
Cap Gardafuy par la longitude de quarante huit degrés, en fe-
croiſant avec celles qni ont parti du Cap de Bonne - Efpérance.

Quoique de pareilles opérations n'ayent pas befoin d'être appuyées on trouve de nouvelles preuves de leur juſteſſe dans le
giſſement de la Mer Rouge, qu'on a été aſſez heureux de pou-
voir détterminer avec toute la préciſion Géographique néceſſaire,
c'eſt-à-dire, quon a cherché la longitude de Suez au fond de cette
Mer par d'autres poſitions voiſines, quoique dans le dedans des
terres, ce qui prouve auſſi que l'Aſtronomie, la Géographie,
l'Hydrographie doivent fe réunir dans la conſtruction des Cartes.

Une détermination fixe de Suez étoit d'autant plus importante, qu'en comparant la longitude de cette Ville fuivant la Carte
Angloiſe, avec celle que lui donnent les Cartes Hollandoiſes,
on trouve au moins deux cens foixante lieues de différence entr'elles.

On fçait que la Ville de Suez n'eſt éloignée de celle du Caire
que d'environ vingt lieues, & quelles font à quelques minutes
près par la même latitude ; or il y a au Caire une Obfervation
Aſtronomique de M. de Chazelles, Ingenieur de la Marine & de
l'Académie des Sciences, qui met cette Ville à vingt-neuf degrés trente-fix minutes à l'Orient du Meridien de Paris ; donc
Suez ne doit être que par les trente degrés quarante-cinq à cinquante minutes de longitude. Au moyen de cette détermination
& par ce qu'on a dit au commencement de cette Analyfe, il eſt
aiſé de voir que les Anglois placent Suez près de cent vingt lieues
trop à l'Oueſt, tandis que les Hollandois le portent plus de cent
quarante lieues trop à l'Eſt.

A l'égard de la Mer Rouge, on n'a rien trouvé dans les Cartes
Angloiſes, ni dans les Hollandoiſes, dont on puiſſe être fatisfait,
de forte qu'on a été obligé d'avoir recours à quelques defcriptions
particuliéres qu'on a de cette Mer, & de fuivre ce que M. de Liſle
en a donné dans fa Carte de Turquie, Arabie & Perfe, l'ayant
trouvé s'accorder avec détermination de Suez & avec la poſition du Détroit de Babelmandel, que nous avons établi en conféquence des routes & remarques faites par les Navigateurs depuis
le Cap Gardafuy, juſqu'à ce Détroit. D'où l'on doit conclure, que
fi le giſſement & l'étendue que M. de Liſle donne à la Mer Rouge,

n'étoient

n'étoient pas exacts, il seroit impossible qu'ils quadrassent aussi parfaitement avec les déterminations Astronomiques, & avec les autres positions de la nouvelle Carte. Tant de points différens qui se réunissent, ne forment-ils pas une démonstration claire & simple ?

Comme les corrections qu'on vient de voir, ne tendent qu'à assurer les principales positions, auxquelles le détail particulier de cette Carte devoit être assujetti, ce seroit ici la place d'examiner ce détail, & de faire connoître tout le travail qu'il a exigé ; mais comme la discussion en seroit longue, & qu'il est aisé de le sentir, en comparant la nouvelle Carte avec toutes celles qui ont paru, on se contentera de rapporter un exemple qui fait voir combien la sûreté des Navigateurs y est intéressée, & de qu'elle façon on a cherché le vrai pour des corrections aussi importantes.

Tous les Navigateurs qui vont à Moka, ne manquent point de venir reconnoître le Cap Gardafuy, & après l'avoir doublé, ils suivent la côte d'Afrique jusqu'a la petite Isle de Garbora, pour ensuite traverser à la côte d'Asie, & tâcher d'atterer dans l'Ouest du Cap d'Adem. Cette route est la meilleure pour gagner promptement le Détroit de Babelmandel, sur quoi il faut observer 1°. Que la Carte Angloise de Thornton ne marque du Cap Gardafuy à l'Isle de Garbora que quarante-six à quarante-sept lieues, & il est certain qu'il n'y a guéres moins de soixante-dix lieues. La remarque s'en trouve dans les Journaux des Vaisseaux de la Compagnie des Indes, le Duc de Chartres 1733. le Royal Philippe 1732. & le Mars 1731.

2°. Le Gissement du Cap d'Adem avec l'Isle de Garbora est très-mal ; les Cartes le marquent un Nord quart de Nord-Ouest, au lieu que ce doit être un Nord-Ouest quart de Nord ; ce qui fait une différence d'environ quarante lieues de l'Est à l'Ouest pour la position de ce Cap, eu égard à Garbora, & change en même-tems sa latitude de quinze à vingt minutes au moins, ce qui seroit aisé à démontrer en prenant l'angle que forment ces deux différens airs de vent & la distance connue de Garbora à Adem, &c. Ceux qui ont quelque teinture de Géométrie, suppléeront au reste de la démonstration. Il s'agit seulement de prouver que le Cap d'Adem doit être au Nord Ouest, quart de Nord de l'Isle Gargora environ quarante-cinq lieues, comme le marque la nouvelle Carte.

Un Navigateur dont le Journal est très-exact, & la Navigation suivie & bien détaillée, traversant de l'Isle Garbora au Cap d'Adem, fit valoir sa route le Nord-Ouest & le Nord-Ouest quart de Nord comptant suivant sa Carte , (a) arriver beaucoup dans l'Ouest du Cap d'Adem. Cependant il se trouva environ douze lieues à l'Est dudit Cap , de sorte que sa route rapportée sur cette Carte ne lui auroit valu que le Nord Nord-Est, & les courans l'auroient transporté quarante lieues vers l'Est , ce qui n'est pas possible , si on fait attention au peu de chemin qu'il avoit à faire, & au vent favorable avec lequel il le faisoit, car le vent étoit Sud-Est, & Est-Sud-Est,& sa route le Nord-Ouest & le Nord-Ouest quart de Nord environ quarante-deux lieues ; d'où l'on conclut que quelques forts que l'on suppose ces Courans , ils ne pouvoient l'emporter vers l'Est aussi considérablement. Mais si Adem est au Nord-Ouest quart de Nord de Garbora , il est possible que le Navigateur en faisant le Nord-Ouest & le Nord-Ouest quart de Nord , se trouve douze lieues à l'Est dudit Cap , parce qu'il doit y avoir un Courant sortant de la mer Rouge qui peut lui donner fort bien cette différence, qui est cependant considérable , si l'on a égard à la petitesse de la traversée, & au vent favorable avec lequel elle a été faite. Mais ce qui est encore plus fort, n'est que la détermination du Cap d'Adem , telle qu'on la vient d'établir , s'accorde avec celle du Détroit de Babelmandel & du Cap Gardafuy, qui a été discutée ci-devant avec une précision dont on doit être content, & à laquelle , on ne peut rien opposer.

On a fait plusieurs autres corrections le long des Côtes d'Afrique : par exemple depuis le Cap Gardafuy jusqu'au cap das Baxas , Piéter-Goos fait courir la Côte au Sud-Ouest quart de Sud, & met ce dernier Cap par les 5. degrés de latitude. La nouvelle Carte (conforme en cela avec le Pilote Anglois, la fait courir au Sud Sud-Ouest , quelques degrés Sud , & place le Cap das Baxas par 4. degrés de latitude Septentrionale, c'est ainsi qu'elle est marquée dans une instruction particuliere qui est au Dépôt pour la navigation de ces côtes. Les Navigateurs l'ont trouvé de même ; on peut voir dans le Journal du Vaisseau le Royal Philippe 1732 ses routes du cap de Bonne-Espérance au Cap das Baxas, dont l'air de vent & la distance quadrent avec la position que nous donnons à ce Cap , & une route particuliere & des remarques sur la Côte depuis le cap das Baxas, jusqu'à celui de Gardafuy , qui s'accordent avec le Gissement qu'on vient d'établir.

La Côte depuis le Cap das Baxas jusqu'à Mosambique se trouvant dépourvue d'observations , on l'a pris sur le Pilote Anglois

______

(a) Nota qu'il se servoit des Cartes du Pilote Anglois.

dont le détail particulier fuivi jufqu'à la Baye de Mofambique a tombé précifément fur le point où la nouvelle Carte devoit placer cette Baye, en conféquence de la détermination de l'Ifle de Madagafcar; car fuppofant cette Ifle bien placée (ce qui fera prouvé dans la fuite) comme la traverfée de cette Ifle à la Baye de Mofambique eft fort petite, on peut fe fervir avec confiance des routes de navigation pour avoir la pofition de cette Baye, & c'eft ce que nous avons fait. Il n'y a qu'à voir dans le Journal du Vaiffeau de la Compagnie des Indes la Vierge de Grace 1733. les routes de la Baye S. Auguftin à celle de Mofambique, & de celles-ci aux Séclaves côte Occidentale de Madagafcar, on les trouvera quadrer parfaitement avec la nouvelle Carte, d'où il réfulte que Mofambique doit être par les trente-neuf dégrés vingt-minutes de longitude Orientale, au lieu que fuivant les Cartes Angloifes, fa longitude feroit de trente-fix dégrés, & fuivant l'Hollandois de quarante deux dégrés trente minutes, ce qui fait une différence d'environ cent vingt lieues, dont nous tenons le jufte milieu, & donne occafion de remarquer que dans la Carte Angloife certaines parties de détail prifes féparément feront fort bonnes; lorfqu'elles feront affujetties à des points fixes; mais que comparées avec l'accord général que doivent avoir entr'elles toutes les parties du Globe terreftre, elles ont befoin de grandes corrections, comme on le verra encore dans la fuite de cette Analyfe.

SECONDE PARTIE

L'Ifle de Madagafcar, celles d'Anjouan, Moali, &c. les Ifles de France & de Bourbon, & autres qui en font au Nord, &c.

L'ISLE de Madagafcar eft placée fuivant l'Obfervation (a) Aftronomique qui a été faite dans la partie Occidentale, au lieu appellé Terra del Gada, & qui met cette partie par les 42. dégrés dix minutes à l'Orient du Meridien de Paris : quoique cette longitude foit trois dégrés trente minutes plus Orientale

---

(a) Il y a deux Obfervations Aftronomiques à la Terre de Gade, l'une donnée par M. Harris, & l'autre par M. Heateot, elles s'accordent parfaitement pour la latitude, mais fur la longitude elles different un peu, on a fuivi par préference celle de M. Heateot, parce qu'elle s'accordoit mieux avec les Routes des Navigateurs & le concours des autres points fixes.

que celle des Cartes Angloifes, & trois dégrés au moins plus
Occidentale que celle des Hollandois, qui par confequent different entre elles de près de fept dégrés; ce n'eft qu'à l'égard du premier Méridien, c'eft-à-dire que cette difference avec la même nouvelle Carte n'eft fenfible que relativement aux points fixes que ces
parties doivent occuper fur le Globe de la Terre. Car fi l'on prend
fur ces Cartes la diftance du Cap de Bonne Efpérance à l'Ifle de Madagafcar, on trouvera qu'elles ne différent entre elles que d'environ
un dégré en longitude, & encore moins avec la nouvelle Carte :
ce qui loin de paroître étonnnant, confirme au contraire ce que
nous avons toujours etabli (a) comme un principe; fçavoir; que les
routes de Navigation peuvent donner la longitude avec affez de
précifion pour la conftruction des Cartes Hydrographiques.

On voit clairement par les Remarques précedentes que ceux qui
ont dreffé les Cartes Angloifes & Hollandoifes, n'ont eu aucune
connoiffance des Obfervations Aftronomiques, qui ont été faites
au Cap de Bonne-Efpérance, & à l'Ifle de Madagafcar ; ils ont
donc pû dans leurs Cartes des Indes ; placer cette Ifle que fur
les routes des Navigateurs ; & comme celle du Cap de Bonne-
Efpérance à Madagafcar eft fréquentée depuis long-tems, & que
la Traverfée n'eft pas longue , il n'eft pas étonnant qu'ils en ayent
eu un affez grand nombre , & qu'ils y ayent trouvé la précifion
néceffaire pour leur donner une longitude équivalante à celle qui
refulte des Obfervations Aftronomiques ; mais feulement pour la
pofition de ces deux points entre eux ; & non telle qu'ils la doivent occuper fur le Globe, & eu égard au Ciel.

Pour preuve de ce qu'on vient d'avancer on va rapporter quelques Routes de Navigation qui quadrent avec ces pofitions.

On trouve dans différens Journaux (b) des Routes du Cap de
Bonne-Efpérance à la Baye de S. Auguftin. Côte Occidentale
de l'Ifle de Madagafcar, qui étant réduites , donnent pour l'air
de vent & la diftance d'un lieu à l'autre, l'Eft Nord Eft 4. à 5. dégrés plus Nord , environ 480 lieues , ce qui fait près de vingt-
cinq dégrés pour la différence en longitude, conformément à celle
qui refulte des Obfervations Aftronomiques ; on peut ajouter les

---

(a) On peut voir les Analyfes de la
Carte de la Méditerranée en 1737.
Mémoire fur la Carte de l'Archipel
1738.
Obfervations fur la conftruction de la
Carte de l'Océan Occidental 1738.
Conftruction de la Carte de l'Océan
Meriotonal 1739.

(b) Vaiffeaux de la Compagnie des
Indes.
Le Jupiter 1727. Argonaute 1730.
le Mars 1731. le Chauvelin 1733. le Duc
de Chartres 1733. le Philbert 1734.
le Duc d'Anjou , le Lys , l'Appollon
1735. &c.
L'Agréable & la Mu tie, 700, Vaiffeaux du Roy.

Routes du Vaiſſeau du Roy le Navare en 1670. de la Baye de Sal-
daigne au Fort Dauphin, dans la partie du Sud & de l'Eſt de
Madagaſcar qui donnent pour la différence des Méridiens 28.
degrés 30. minutes de longitude Orientale, comme il eſt marqué ſur la nouvelle Carté.

On n'a pas crû devoir detailler aucunes de ces opérations, qu'on
ſe contente d'indiquer, préſumant que tous ceux qui voudront
examiner cette Analyſe, & juger de ſa ſolidité, ſont en état de
faire exactement les calculs & les réductions néceſſaires.

Quoique tant de remarques différentes ne laiſſent aucun doute
ſur la poſition de l'Iſle de Madagaſcar, on l'établira encore dans
la ſuite par pluſieurs autres point entiérement oppoſés, & qui
vénant à ſe réunir à ceux-ci prouvent la certitude des uns & des
autres.

On ne peut ſe diſpenſer de faire quelques Obſervations ſur le
contour & le détail particulier de cette Iſle, pour lequel on a
ſuivi la Carte en grand point qu'on a dans le Pilote Anglois
(parce qu'elle nous a paru la meilleure) mais à laquelle on a cependant fait pluſieurs corrections importantes.

La Terre de Gade eſt marquée ſur la Carte Angloiſe par les
20. dégrés 20. minures de latitude ; or les deux Obſervations Aſtronomiques citées ci-devant la determinent à 19. dégrés 29. minutes, donc erreur de 51. minutes en latitude ſur cette poſition,
ce qui influe ſur toutes celles de la côte.

La partie Méridionale de Madagaſcar eſt portée beaucoup trop
Sud ſur les Cartes Angloiſes, comme ſur les Hollandoiſes, qui la
marquent par les 26 dégrés & quelques minutes de latitnde ; il
eſt certain qu'elle ne doit être que par les 25. dégrés 15. à 20. minutes au plus ; de ſorte que le Banc des Etoiles que ces Cartes font
étendre juſques par les 26. dégrés 40 ou 50 minutes de latitude ;
ne porte pas plus au large que par les 25. dégrés 30. minutes.

Le Giſſement de la Côte depuis la Baye S. Auguſtin juſqu'à la
pointe du Sud-Oueſt de Madagaſcar, court ſur la Carte Angloiſe
Nord & Sud, tandis qu'il doit être Sud-Eſt, quart de Sud, &
Nord-Oueſt quart de Nord, comme l'ont remarqué pluſieurs Navigateurs qui ont rangé ces Côtes.

On peut voir ſur ces points les Journaux des Vaiſſeaux de la
Compagnie des Indes, le Mercure 1727. le Dauphin 1731. la
Reine 1732. le Condé, l'Amphitrite, la Galatée 1733. la Ducheſſe 1734. l'Apollon 1735. & autres qu'il ſeroit trop long de
rapporter.

A l'Oueſt de l'Iſle de Madagaſcar environ 45. lieues par la lati-

tude 21. degrés 15. à 20 minutes , on trouve un danger , nommé
Baſſe de la Juive ; & ſelon nos Navigateurs Baſſe d'Inde ; le Pilote Anglois dans la Carte en grand point de Madaſcar , la marque
par 22 dégrés 40. minutes , c'eſt-à-dire un dégré 20. minutes trop
Sud ; erreur conſidérable & qui peut cauſer bien des naufrages , dont
par conſéquent il eſt important que les Navigateurs ſoient avertis.
Le Vaiſſeau de la Compagnie des Indes, le Cavalier, a rangé cette
Baſſe d'aſſez près en 1733. & y a pris hauteur ; ce même Navigateur
l'avoit déja vû en 1699. ſur le Vaiſſeau le Maurepas ; il dit avoir
trouvé ſon milieu par les 21 dégrés 16. minutes de latitude. Piéter-
Goos en marqueroit la latitude aſſez bien , s'il ne lui donnoit pas 25.
lieues d'étendue, lorſqu'elle n'en a au plus que huit ou neuf, en y
comprenant les dangers qui briſent au tour.

Il y auroit beaucoup de remarques à faire ſur toute la Côte de
l'Oueſt de Madagaſcar, & ſur le Canal de Moſambique, où l'on trouve des changemens conſidérables dans la nouvelle Carte ; mais
comme ce feroit une diſcuſſion trop longue, c'eſt aux Navigateurs
intelligens d'y ſuppléer , ce qu'ils peuvent faire aiſément, parce
que ces changemens deviennent une ſuite néceſſaire des corrections
précédentes. On ne peut cependant ſe diſpenſer de dire quelque
choſe ſur l'Iſle de Jean de Nove , dont la poſition eſt importante
pour la navigation de Madagaſcar à Moſambique.

Les Cartes Hollandoiſes marquent une Iſle quarante-cinq lieues
à l'Oueſt du Cap S. André en l'Iſle de Madagaſcar , par la latitude de ſeize dégrés quarante minutes, & lui donnent au moins
dix ou douze lieues de tour , avec des briſans qui portent encore plus au large.

La Carte Angloiſe en grand point marque cette même Iſle par
les dix-ſept dégrés de latitude à environ trente-ſix ou trente ſept
lieües au Sud-Oueſt quart d'Oueſt du cap S. André , & lui donne le nom de Chriſtowa. Cette même Carte marque un Iſlot environ vingt-lieües au Sud-Oueſt quart d'Oueſt du précédent , &
l'appelle S. Jolhins.

Sur la nouvelle Carte on ne trouve dans ce parage qu'une petite Iſle par la latitude de dix-ſept degrés , à environ trente-cinq
lieues au Sud-Oueſt du Cap S. André ; on l'a nommé Jean de
Nove ou Chriſtowa.

On avoue qu'on a eu beaucoup de peine à prendre un parti entre
la Carte Angloiſe & la Hollandoiſe, en les trouvant s'accorder
ſi peu ſur une poſition importante , & dans un parage auſſi fréquenté. Ce n'eſt qu'après bien des recherches , & avoir pointé
un grand nombre de routes , qu'on a reconnu que le Jean de

Nove des Hollandois , & les Ifles de Chriftowa & S. Jolhins des Anglois , ne devoient être que la même Ifle , & qu'on eft parvenu à la placer comme il faut.

En examinant avec attention les Journaux des Navigateurs, qui ont fait la traverfée de la Baye S. Auguftin ; ou autres endroits de la côte Occidentale de Madagafcar pour gagner Mofambique, ou relâcher aux Ifles d'Anjouan , &c. on voit clairement que fi Chriftowa, S. Jolhins & Jean de Nove exiftoient comme les Cartes les marquent, il faudroit néceffairement que quelques - uns de ces Navigateurs en euffent eu quelques connoiffances. Que l'on fuive les Journaux des Vaiffeaux le Jupiter 1726. le Mercure 1727. le Mars & le Dauphin 1731 le Royal Philippe, le Prince de Conti, l'Atalante 1732. l'Amphitrite ; le Chauvelin, la Galatée , le Condé, le Philibert , la Ducheffe , le Cavalier, le Duc de Chartres 1733. le Duc d'Anjou 1735. On trouve par leur point qu'ils ont tous paffé au deffus, ou très-près de ces Ifles. Cependant aucuns d'eux n'a vû la moindre chofe, d'où il étoit naturel de conclure que ces Ifles n'exiftoient point, ou qu'elles étoient plus près du Pracel & de l'Ifle de Madagafcar. Mais le Vaiffeau de la Compagnie des Indes la Reine 1732. partant du Cap S. Yago ne s'étant pas éloigné de la côte de Madagafcar tant que les autres Navigateurs, s'eft trouvé à la vûe de Jean de Nove autrement Chriftowa. Le Vaiffeau le Griffon en 1735. faifant route de la Baye S. Auguftin pour le Maffelage a vû Chriftowa & l'a rangé à la diftance de quatre à cinq lieues dans fa partie de l'Oueft & du Nord. C'eft fur les routes de ces deux Navigateurs qu'on a placé fur la nouvelle Carte Jean de Nove ou Chriftowa ; mais pour le S. Jolhins des Anglois il eft impoffible qu'il exifte dans le paffage où ils le mettent ; auffi l'avons nous fupprimé.

Les Ifles de Mayote , Anjouan , Moaly & Comore méritoient une attention particuliere, étant très-mal fur Piéter-Goos, tant par rapport à leurs pofitions entr'elles , qu'avec celle de Madagafcar. Quoique l'Anglois les marquent mieux , on peut affurer qu'elles le font encore plus exactement fur la nouvelle Carte.

La hauteur du Pole de l'Ifle d'Anjouan a été obfervée par le P. Tachard un des Mathématiciens envoyés à la Chine en 1685. & c'eft fur fon obfervation qu'on a placé cette Ifle. Ce fçavant Jéfuite fit (a) en même tems quelques remarques fur la pofition des Ifles voifines qu'on a fuivies ; mais comme les Vaiffeaux de la

(a) Recueil des Lettres édifiantes & curieufes , celle du P. Tachard en 1701.

Compagnie des Indes ont depuis quelques années beaucoup fréquenté ces Ifles, on trouve dans leurs Journaux tous les détails
néceffaires pour les placer avec encore plus d'exactitude. On a
un grand nombre de latitudes obfervées très-près de terre & dans
différens points; de même que plufieurs relevemens qui en lient
toutes les parties enfemble, & donnent l'étendue & la fituation
des unes par rapport aux autres. On n'expliquera point ici ce que
c'eft que relevemens, & l'ufage qu'on en peut faire dans la
conftruction des Cartes Hydrographiques. Il n'y a qu'à voir l'A-
nalyfe de la Carte de l'Archipel, dreffée au Dépôt en 1738. où
l'on s'eft fuffifamment étendu pour faire connoître la nature & les
avantages de cette forte d'Obfervation, que tous les Navigateurs
peuvent faire aifément, & dont ordinairement les Journaux font
remplis. Il fuffit de dire qu'on a raffemblé plus de trente points de
relévemens différens, qui fe font réunis pour donner les pofitions
de Mayote, Anjouan, Moaly & Comore, telles qu'elles font
marquées fur la nouvelle Carte.

Il eft bon de remarquer qu'à environ trente lieues au Nord
quart de Nord Eft de Comore, le Pilote Anglois marque une
autre Ifle fous le nom de petite Comore. Le Vaiffeau de la Compagnie des Indes la Reine en 1731. partant de l'Ifle d'Anjouan fit
valoir fa route de façon, que fuivant la Carte Angloife, il auroit
dû paffer deffus, & cependant il ne vit rien du tout. Le Philibert
en 1733, faifant la même route, n'en eut pas plus de connoiffance, comme plufieurs autres Vaiffeaux qui ont paffé les uns
dans l'Eft, & les autres dans l'Oueft; ainfi on n'a pas balancé à
la fupprimer: Ce n'eft point le feul exemple des Ifles imaginaires
marquées fur les Cartes, on peut voir là-deffus l'Analyfe de la
Carte de l'Océan Méridional, on en trouvera encore quelques-
unes dans la fuite qui auront le même fort.

La longitude de Mayote, Anjouan, Moaly & Comore eft déterminée par celle de l'Ifle de Madagafcar & de la côte d'Afrique
entre lefquelles elles font fituées; & comme elles en font un peu
diftantes, les routes qui partent de ces pofitions connues pour
venir chercher les Ifles, ont toute la précifion néceffaire, comme
la route de la Baye S. Auguftin (a) à l'Ifle Mayote; de cette
Baye (b) à Anjouan, de Toarbé (c) à Mayote, &c. fur le concours defquels on les a placé.

(a] Le Mars 1731.
(b) Le Duc d'Anjou 1735.
(c) Le Duc de Chartres 1733.

L'Atalante 1732.
Le Mars 1731.
L'Agréable & la Mutine 1701.

On

On a aussi plusieurs grandes routes qui se réunissent au même point, par exemple, du Cap de Bonne-Espérance à Anjouan, cinq Navigateurs (*a*) différens, dont les routes réduites donnent le Nord-Est deux degrés Est, environ six cens cinquante lieues, & du Cap des Eguilles à Anjouan le Nord-Est un dégré Nord, six cens trente-huit lieues par le Duc d'Anjou 1735.

De cette détermination il résulte une remarque importante, qui sert encore à la constater ; c'est le gissement de l'Isle d'Anjouan avec la partie du Nord de Madagascar, l'Anglois marque d'Anjouan au Cap S. Sebastien quatre-vingt-cinq lieues à l'Est, l'Hollandois y marque plus de 120. lieues ; & l'on ne trouve sur la nouvelle Carte qu'environ 70. lieues ; la différence est considérable ; mais avec un peu d'attention on reconnoîtra qu'elle devient une suite nécessaire du gissement particulier qu'il a fallu donner à toute l'Isle de Madagascar, ce qui s'accorde avec l'observation faite en 1725. par un habile Navigateur. Il marque que passant par le Nord de Madagascar, après avoir reconnu le Cap S. Sebastien, il prit soin de bien estimer sa route jusqu'à l'Isle d'Anjouan ; il trouva cinquante lieues moins de chemin que n'en marquent les Cartes de Piéter-goos, ajoutant que la grande Isle & les rescifs que ces Cartes marquent 14. à 15. lieues à l'Ouest, quart de Nord-Ouest du Cap S. Sebastien, n'existent pas ; mais qu'il y a seulement auprès du Cap & tout à terre un Islot plat, entourré de quelques roches qui portent peu au large.

A l'égard de la partie Orientale de Madagascar, on ne croit pas devoir s'y étendre, parce qu'elle est une suite de la partie Occidentale ; & que d'ailleurs sa position sera encore établie en discutant celle des Isles de France & de Bourbon, on remarque seulement ici que depuis la Baye d'Antongil & l'Isle de Sainte Marie, jusqu'aux Antavares, la côte ne fait pas un coude vers l'Est aussi considérable qu'il est marqué dans Pieter-goos, & même dans l'Anglois, de sorte qu'elle gît beaucoup plus Nord & Sud. On a les Journaux des Vaisseaux de la Compagnie le Heron, l'Astrée 1732. le Lys 1735. qui ont rangé toute cette partie de l'Isle, & y ont fait des remarques sur lesquelles sont appuyées ces corrections.

Une Observation astronomique à l'Isle de France, ou à l'Isle de Bourbon, seroit très-nécessaire pour en déterminer la longitude, de maniére que les Navigateurs n'eussent rien à y opposer, attendu qu'il y en a plusieurs qui ne s'accordent pas sur celle qu'il convient de leur donner ; cependant ; si on veut examiner les

(*a*) Le Chauvelin 1733.   Le Mars 1731.
L'Atalante 1732.   L'Agréable & la Mutine 1701.

C

moyens qu'on a employé pour chercher la véritable pofition de ces Ifles, & le concours de tous les points qui y ont conduit, on la trouvera conftatée, de façon qu'on regrettera peu l'Obfervation aftronomique qui y manque.

Quoiqu'on dife que plufieurs Navigateurs ne s'accordent pas fur la longitude qu'il faut donner à ces Ifles, ce n'eft pas qu'on ne trouve un grand nombre de routes qui fe réuniffent pour les placer au même point; mais c'eft que cet accord ne fe préfente pas à la première infpection de tous les Journaux; & ce n'eft qu'après une longue difcuffion, un examen exact, & une comparaifon fidelle, que la vérité fe découvre; car fi l'on prenoit un ou deux Journaux au hazard, & que l'on voulût placer les Ifles de France & de Bourbon fuivant leurs routes, on pourroit trouver ces contradictions qui embarafferoient infiniment ceux qui n'auroient pas d'autres moyens de critique.

Comme ceci mérite quelqu'éclairciffement, il faut obferver que les Navigateurs qui partent du Cap de Bonne-Efpérance trouvent affez ordinairement les Ifles de France & de Bourbon beaucoup plus à l'Oueft que ceux qui partent de Pontychery, ce qui ne peut être caufé que par des courans dont la direction eft différente, & les effets plus ou moins fenfibles, fuivant les faifons & les vents qui ont régné; & fur-tout fuivant les différens paralleles entre lefquels on navigue. Toutes obfervations importantes dans la difcuffion des différentes routes, mais au moyen defquelles on eft prefque fûrement guidé pour trouver le vrai comme nous l'avons dit.

Quoique ces courans n'influent pas fur les routes autant que le prétendent quelques Navigateurs, qui rejettent fur ces mêmes courans les erreurs particuliéres de leur navigation, & celles des Cartes dont ils fe fervent, on ne fçauroit douter qu'il ne fût extrêmement utile d'en mieux connoître l'exiftance & les caufes; recherche qui paroît d'abord non-feulement difficile, mais prefque impoffible; cependant le grand nombre d'obfervations qu'on trouve là-deffus dans les Journaux, & les remarques particuliéres qu'on a fur les mouffons qui régnent dans les divers parages, & fur les tems fixes où elles fe font fentir dans les Indes, comparées avec la figure de la terre, (a) fon mouvement, &c. ne pour-

_____

(a) Il y a dans les Tranfactions Philofophiques de la Société de Londres année 1736. un Mémoire fur la caufe de certains Vents reglés (tels que les Vents alifez) expliquée par le mouvement diurne de la Terre &c. qui doit influer néceffairement fur les courans &c.

roient-ils pas fournir des matériaux fuffifans pour être éclairé , ou
pour répandre du moins quelque lumiére fur la nature , la caufe ,
& fur tout les effets de ces courans entiérement ignorés. Cet article demande une differtation particuliére qui n'a rien de commun
avec cette Analyfe , parce qu'on peut démontrer la certitude des
pofitions de la nouvelle Carte fans y avoir aucun égard.

L'Ifle de Bourbon eft placée en conféquence de la déterminaifon de l'Ifle de Madagafcar , le peu d'éloignement qu'il y a de
l'une à l'autre , & le grand nombre de Navigateurs qui en ont fait
la route font de fûrs garands de la jufteffe des obfervations dont
on s'eft fervi.

Les Cartes Angloifes placent l'Ifle Bourbon à environ 80.
lieues à l'Eft de celle de Madagafcar : fur la nouvelle Carte elle
en eft à plus de cent trente lieues , ce qui eft prouvé par quatre
routes qui partent de l'Ifle Bourbon & vont à la partie méridionale de Madagafcar , dont (a) trois donnent pour la diftance &
l'air de vent de Bourbon au Fort-Dauphin le Sud-Oueft , quart
d'Oueft 155. lieues , faifant pour la différence des Méridiens fept
degrés 15. à 20. minutes ; l'autre route à la Baye S. Auguftin
eft l'Oueft , quart de Sud-Oueft , deux degrés Sud 205. lieues
par la Vierge de Grace en 1732. ce qui donne de l'un à l'autre
11. degrés de longitude , d'où l'on conclut que l'Ifle Bourbon ,
eu égard à la déterminaifon de ces parties de Madagafcar , conf-
tatées ci-devant , doit être par les cinquante-trois degrés de longitude Orientale. La même longitude fe trouve en la cherchant par
la partie du Nord.

Les Cartes Angloifes & Hollandoifes marquent la route de
l'Ifle de Bourbon au Cap d'Ambre , qui eft la partie la plus Septentrionale de Madagafcar , le Nord quart de Nord-Oueft ; fur
la nouvelle Carte elle eft marquée le Nord-Oueft quart de Nord ,
d'où il réfulte une différence d'environ 80. lieues , plus à l'Oueft
pour la pofition de ces points , ce qui eft aifé à démontrer ; car fi
de l'Ifle Bourbon , comme centre , on trace un Nord quart de
Nord-Oueft , & qu'on porte fur cette air de vent 180. lieues , qui
eft environ la diftance de cette Ifle à la pointe du Nord de Madagafcar ; & que du même centre on pointe 180. lieues fur le
Nord - Oueft quart de Nord , on trouvera entre les deux points
80. lieues au moins de différence de l'Eft à l'Oueft.

Il s'agit à préfent de prouver que la route de l'Ifle Bourbon , à
la partie du Nord de Madagafcar doit être le Nord-Oueft quart

______

(a) Le Navaie 1670. le Griffon & la Reine 1735.

de Nord, ce qui eſt fort aiſé, & connu de preſque tous les Navigateurs : voici comme l'un deux s'explique ſur cet article.

» Nous avons trouvé cette Iſle (la partie du Nord de Madaſ-
» gaſcar) beaucoup plus éloignée de l'Iſle Bourbon que toutes
» les Cartes ne la marquent, la route de Bourbon pour atterir à
» Madagaſcar par les 13. degrés de latitude, doit valoir le Nord-
» Oueſt quart de Nord, & la diſtance eſt de 170. lieues au moins,
» ſi bien que nous avons navigué ſur cette Iſle & l'avons traver-
» ſée d'un bout à l'autre ſur nos Cartes, tant Hollandoiſes qu'An-
» gloiſes, ſur leſquelles on ne ſçauroit compter.

Ce Navigateur n'eſt pas le ſeul qui a fait cette remarque, on la
trouve auſſi dans les Journaux des Vaiſſeaux de la Compagnie des
Indes, le Solide 1727. la Syrêne 1728. le Bourbon, la Vierge de
Grace 1729. la Galatée, le Duc de Chartres, le Neptune, le
Royal-Philippe 1731. l'Argonaute 1732. le Dauphin 1733. la
Reine 1734. le Fleury & le Phœnix 1736. dont toutes les routes
de Bourbon à la partie du Nord de Madagaſcar s'accordent avec
la nouvelle Carte, ce qui eſt aiſé de vérifier.

La longitude des Iſles de France & de Bourbon étant ſuffiſam-
ment établie par tout ce qu'on vient de voir, il pourroit paroître
ſuperflu de la chercher encore par les grandes routes ; mais ſi l'on
fait attention, que non-ſeulement elles confirment ce que nous
avons avancé du peu d'effet des courans, contre le ſentiment de
pluſieurs Navigateurs, mais qu'elles prouvent auſſi la juſteſſe des
routes de navigation en elles-mêmes & celle de la nouvelle Carte, on verra que nous ne devions pas nous en diſpenſer.

On a trouvé plus de 30. routes différentes partant de point fixe, qui ſe réuniſſent à donner une même longitude aux Iſles de
France & de Bourbon, mais comme ce ſeroit une diſcuſſion trop
longue, il ſuffit de les indiquer. Par exemple du Cap de Bonne-
Eſpérance à l'Iſle de Bourbon, on a réduit les routes de 18. Navigateurs, (a) qui ont toutes donné l'Eſt Nord-Eſt à un ou deux
degrés près, environ 675. lieues, ce qu'on peut évaluer à 35.
degrés 30. minutes de longitude. Or le Cap de Bonne-Eſpérance eſt à 17. degrés 45. minutes, y ajoutant 35. degrés 30. minutes, on aura 53. degrés 15. minutes pour la longitude de l'Iſle
Bourbon.

<hr>

(a) Voyez les journaux des Vaiſſeaux de la Compagnie des Indes.

L'Adélaïde 1712. le Mars, le Solide, l'Expédition 1727. la Danaée 1730.
le Mars 1731. la Vierge de Grace, le
Duc de Chartres, le Royal Philipe
1731. le Dauphin, l'Amphitrite, le S.
Louis 1733. le Charollois en allant &
revenant ; l'Argonaute, la Badine 1734.
le Fleury 1736. en allant & revenant.

De Ponticheri aux Ifles de France & de Bourbon on a onze routes, (a) qui donnent 25. degrés de longitude de l'une à l'autre. Ponticheri eft fuivant l'Obfervation Aftronomique par les 78. degrés de longitude Orientale, retranchant 25. degrés, refte 53. degrés pour celle de l'Ifle Bourbon.

Du Cap Comorin à l'Ifle Bourbon quatre (b) Navigateurs ont trouvé le Sud-Oueft quart du Sud deux à 2. degrés Oueft environ 730. lieues, ce qui donne la même longitude que les routes précédentes; le calcul eft aifé à faire.

A l'égard du giffement & diftances des Ifles de France & de Bourbon entr'elles, & avec celles de Rodrigués & leurs latitudes, on les a tiré des Journaux déja cités, on a réduit neuf routes différentes, qui ont donné le même air de vent & la même diftance de l'Ifle Rodrigués à celle de France, c'eft-à-dire, l'Oueft environ 100. lieues, & l'on a au moins vingt obfervations de latitude à la vûe de l'une & de l'autre.

Entre l'Ifle de Bourbon & celle de Madagafcar, le Pilote Anglois & la Carte de Piéter-goos marquent une Ifle fous le nom de Sainte Apollonie. Quelques recherches que nous ayons pû faire à ce fujet, nous n'avons trouvé aucuns Mémoires ni Journaux qui en faffent mention, & elle ne doit vrai-femblablement fon exiftence qu'aux Cartes Portugaifes. D'ailleurs fi elle exiftoit, il feroit impoffible que les Navigateurs qui vont de l'Ifle Bourbon au Port Dauphin, ou autre Partie de la côte Orientale de Madagafcar, n'en ayent quelque connoiffance; mais bien loin qu'elle ait été vûe par aucuns, on trouve au contraire que plufieurs auroient paffé deffus, ainfi on n'a pas balancé à la fupprimer.

On a eu les mêmes raifons pour en faire autant de l'Ifle de Jean de Lifboa, que Piéter-goos marquent environ 100. lieues au Sud de celle de Bourbon. On a pointé plus de 60. routes qui auroient dû en paffer très-près, & même par-deffus; aucun de ces Navigateurs n'en a eu connoiffance.

Au Nord de l'Ifle de Madagafcar toutes les Cartes marquent une quantité prodigieufe d'Ifles & de Bancs de fable, femés, pour ainfi dire, au hazard, & qui ont long-tems fait tremb'er les Navigateurs, qui fur la foi de pareils Cartes, n'ofoient s'engager

---

(a) Le Mars, le Solide 1727. le Phœnix 1736.
Bourbon 1618. le Royale Philippe 1728 Le Duc de Chartres 1731. le Dauphin, le Condé, le Maurepas 1733. l'Argonaute, le Duc de Bourbon 1734.

(b) la Syrene 1724. le Solide 1727. le Royale Philippe, le Duc de Chartre 1731.

dans ce parage, quoique ce fût une route plus courte & plus di-
recte pour des Iſles de France & de Bourbon ſe rendre dans l'Inde. Ainſi ce paſſage, quoique très-beau & très-avantageux, a
reſté long-tems ignoré, il n'y a guéres que quinze ans que nos
Navigateurs en ont eu aſſez de connoiſſance pour oſer le tenter.
La preuve en eſt au Dépôt dans une Lettre du 24. Avril 1724.
écrite par un Officier (a) dont l'habileté eſt connue, en envoyant
le Journal de ſa Campagne. » Je ſuis le premier (dit-il) qui ait
» tenter de paſſer par le Nord de Madagaſcar; depuis le Saint Al-
bin, le Lys & l'union, Vaiſſeaux de la Compagnie y ont paſſé
» ſans y trouver aucun danger. Partant de l'Iſle Bourbon je vins
» reconnoître le bout du Nord de l'Iſle de Madagaſcar. Je vis cette
» Iſle par la latitude de 13. degrés de là, juſqu'à la ligne la route
» fut preſque toujours Nord, prenant plus d'un côté & d'autre
» pour écarter les Iſles qui ſont ſur les Cartes dans ces lieux, je
» n'en ai vû aucunes, &c. »

Si l'on examine cette Partie dans la nouvelle Carte, on trouve
au Nord de Madagaſcar un paſſage très-beau, débarraſſé de cet
amas d'Iſles marquées ſans preuves par les Portugais, & copiées
par les Anglois & les Hollandois.

Quoique la remarque qu'on vient de citer, ſoit d'un grand poids;
pour prouver que ces Iſles, ou n'exiſtent pas, ou ſont placées
autrement que les Cartes ne marquent, nous n'avons pàs crû qu'elle nous diſpenſât de plus grandes recherches, on a pointé avec
ſoin les routes de trente (b) Navigateurs différens, qui ont paſſé

(a) M. de la Feuillée, Commandant le Vaiſſeau la Diane 1723.

(b) la Diane, 1723.
La Syréne, 1724.
Le Jaſon, 1726.

Le Mars,
Le Solide, } 1727.
Le Mercure,

Le Royal Philippe, } 1728.
La Syréne,

Le Bourbon, 1729.

La Vierge de Grace, } 1730.
L'Argonaute,

Le Duc de Chartres,
La Galatée, } 1731.
Le Royal Philippe,

La Badine,
Le Héron, } 1732.
Le S. Louis,
Le Griffon,

Le Héros,
Le Maurepas, } 1733.
Le Dauphin,

Le Duc de Bourbon, } 1734.
La Reine,

Le Condé,
Le Prince de Conti, } 1735.
L'Apollon,

Le Phénix;
Le Fleury, } 1736.
Le Thétis,
Le Dauphin,

par le Nord de Madagafcar pour gagnèr la ligne, fans avoir connoiffance d'aucune chofe, tandis que fuivant les Cartes, ils auroient paffé deffus plufieurs de ces Ifles ; donc on ne les peut placer
dans tout l'efpace que ces diverfes routes enferment. Ainfi il falloit néceffairement ou les fupprimer, ou les porter beaucoup plus
à l'Eft. Mais comment les placer par rapport à l'Ifle de Madagafcar ? On a été affez heureux pour trouver un Navigateur, (a)
qui après avoir reconnu la partie du Nord de Madagafcar, ayant
été forcé de prendre un peu plus de l'Eft qu'on ne fait ordinairement, fe trouva à la vûe de Jean de Nove. Continuant fa route
il vit une Ifle qui n'a point de nom dans les Cartes, quoiqu'elle
y foit marquée, & la nomma l'Ifle Alphonfe. Il vit enfuite l'Ifle
la plus Oueft des Amirantes ; il prit des hauteurs auprès de ces
Ifles, & eftima fa route avec foin, de forte que c'eft fur fon Journal qu'on les a placées ; les Ifles qui font à l'Eft de celles-ci, ont été
tirées des Cartes Portugaifes, à l'exception cependant des Iflots
& Ecueils de Saint Brandon qu'on a placé fuivant les remarques du Capitaine Auger Ledge, Commandant le Vaiffeau Anglois
le Faucon qui penfa s'y perdre, & qui fut obligé de donner dans
ces refcifs & d'y mouiller.

A l'égard de la baffe de Patram & des Bancs & Ifles de Pedros
dos Bamhos que toutes les Cartes marquent comme deux dangers féparés l'un de l'autre, & dont le dernier ne feroit qu'à 20.
lieues au plus de l'Ifle la plus Occidentale de l'Amirante. On a
pointé plus de 60. routes partant ou du Nord de Madagafcar, ou
des Ifles d'Anjouan & Comore, & on a reconnu avec toute la
certitude poffible, que ces dangers doivent être au moins à 70.
lieues à l'Oueft des Amirantes, puifqu'aucun des Navigateurs,
dont on a pointé les routes, n'en ont eu connoiffance. On a reconnu encore que ces dangers ne peuvent pas s'étendre plus de
30. lieues de l'Eft à l'Oueft, quoique toutes les Cartes leur donnent près de 80. lieues, & que la baffe de Patram n'eft autre chofe
que la partie Occidentale des dangers nommés dans les Cartes
Portugaifes Pedros Bamhos.

(a) Le Lys, 1730.

TROISIE'ME PARTIE.

Côtes & Isles d'Asie depuis la Mer Rouge, jusqu'à Canton dans la Chine.

LES Côtes d'Asie sont déterminées en conséquence de plusieurs Observations Astronomiqués, qui se sont trouvées disposées assez avantageusement pour fixer les principales Positions & donner les moyens d'assujetir les détails particuliers.

Ces Positions sont Surate, Goa, Cochin, le Cap Comorin, Maduré & Ponticheri, dans la presque Isle de l'Inde en deçà du Gange. Bakam, & Syriam à la Côte Orientale du Golphe de Bengale. Siam, Louvo, & Pol-Condor pour le Golphe de Siam : Canton pour la Chine.

Il y a aussi plusieurs autres lieux, ou l'on a observé que la hauteur du Pole, dont il sera parlé dans la suite.

La Partie Occidentale de la presque Isle de l'Inde comprend (depuis Surate jusqu'au Cap Comorin) environ 500. lieues de Côtes, fréquentées depuis long-tems par toutes les Nations commerceantes : cependant lorsqu'on vient à examiner les Cartes de ces Côtes soit Angloise, ou Hollandoise, on y trouve des erreurs considérables.

Les Observations de latitude & de longitude faites à Surate, à Goa, à Cochin, & au Cap Comorin, se trouvent disposées de façon qu'elles donnent le gissement de toute cette Côte, comme il est aisé de le voir a l'Inspection de la Carte : surquoi il est bon de remarquer,

1°. Que Surate est par les 70. degrés 30. minutes, de longitude Orientale, au lieu que suivant les Cartes Hollandoises, cette place seroit au 76. degrés 30. minutes ce qui fait une différence de 6. degrés.

Les Cartes Angloises tombent dans une erreur contraire, en mettant Surate par les 65. degrés 30. minutes, de sorte que les unes mettent la presque Isle de l'Inde plus de 100. lieues trop à l'Orient ; & les autres la mettroient environ cent lieues trop à l'Occident.

La latitude y est aussi défectueuse, puisque la hauteur du Pole y a été observée de 21. degrés 53. minutes, & que ces Cartes mettent Surate au-dessous de 21. degrés de latitude, ce qui fait une différence de près d'un degré.

2°.

20. Par les obſervations faites à Goa & au Cap Comorin , on trouve entre le Méridien de Goa & celui de Cap 4. dégrés 11 minutes valans environ 80. lieues. La Carre de Piéter-Goos n'y met que deux dégrés , & l'Anglois environ 2. dégrés 30. minutes: ainſi un Navigateur qui ſe ſerviroit de ces Cartes pour regler ſa route de Goa au Cap Comorin ſe trouveroit à 45. lieues à l'Oueſt de ce cap , lorſqu'il croiroit en être à 5 ou 6 lieues au plus , ce qui change l'air de vent ſur lequel cette côte doit courir.

Si cette remarque avoit beſoin de preuve , on la trouveroit dans les Journaux de pluſieurs Navigateurs. Le Capitaine du Vaiſſeau de la Compagnie des Indes le Lys en 1735. dit que depuis Barcelor juſqu'à l'attérage du Cap Comorin , il a fait 38. lieues plus de chemin qu'il n'eſt marqué ſur ſa Carte , ſuivant laquelle il auroit navigué près de 40. lieues dans les terres ; il ajoûte : *J'ai obſervé dans pluſieurs voyages que le Cap Comorin eſt marqué trop à l'Oueſt ; car ayant fait route de Mahé audit Cap , j'ai reconnu que les terres vont plus dans l'Eſt qu'il n'eſt marqué ſur les Cartes.*

La même remarque a été faite dans le Vaiſſeau le Mars 1727. & le Royal Philippe 1732.

Le Vaiſſeau la Galatée en 1733. allant de Mahé au Cap Comorin, rangea la côte à 3 ou 4 lieues de diſtance , on y releva avec ſoin les principaux Caps. Si l'on pointe ſes routes & ſes relevemens ſur la nouvelle Carte : tout y ſera conforme ; mais ſi l'on les rapportoit ſur l'Anglois ou l'Hollandois , les relévemens ne s'accorderoient pas & les routes entreroient 35 ou 40 lieues dans les terres.

Le détail particulier de la côte depuis Surate juſqu'au Cap Comorin , a été pris ſur les Cartes en grand point du Pilote Anglois que l'on a aſſujetties aux points fixes de longitude, corrigeant auſſi les latitudes qui y ſont défectueuſes en beaucoup d'endroits, ce qui a été facile au moyen des obſervations précédentes , & de celles de la hauteur du Pole faites à Batecala , Mangalor, Viſapour, Cananor, Calicut, Paliaport , Coilan , ou Caticoula. On a encore pluſieurs autres latitudes obſervées à la Mer , & qui ont toute la préciſion qu'on peut ſouhaiter.

La poſition de la côte de Malabar ainſi établie , ſi on vient la comparer avec celle de la côte d'Afrique , on trouvera la diſtance de l'une à l'autre plus grande ſur la nouvelle Carte que dans la Carte Angloiſe.

On a vû ci-devant que la longitude du Cap Gardafuy eſt 48 dégrés à l'Orient du Méridien de Paris. Celle de Cap Comorin 75. dégrés 36. minutes , donc la différence en longitude de ces deux lieues eft de 27 dégrés 36. minutes, La Carte Angloife n'y met qu'environ 24. dégrés, c'eft trois dégrés & demi de moins en longitude : erreur confidérable & bien fenfible fur une traverfée qui n'eft pas fort grande , & dont plufieurs Navigateurs fe font apperçus. On trouve dans le Journal du Vaiffean de la Compagnie des Indes la Reine en 1732. que faifant route d'Anjouan pour la côte Malabar , on étoit encore à plus de 10 lieues de cette côte , tandis que fur la carte Angloife , on fe faifoit 66. lieues dans les terres , & on y a joûte : *Cette Carte marque trop peu de chemin de la côte d'Afrique à celle de Malabar de 60 lieues au moins.* Ce qui fe rapporte au trois dégrés & demi refultans de nos pofitions.

Les Ifles Maldives font fort différentes de ce qu'on les trouve dans toutes les Cartes, fur-tout pour le Canal appellé des 9 dégrés entre les Maldives & les Ifles les plus Nord qui eft un paffage fréquenté, & dont par conféquent il eft important d'avoir une connoiffance fidelle. On l'a tiré d'une Carte particuliere de ce Canal & Ifles qui en font au Nord communiquée par un Capitaine Anglois au Vaiffeau de la Compagnies des Indes le Phenix 1736. Mais avant que de copier cette Carte, on l'a comparée avec les remarques de plufieurs Navigareurs , de forte que fes latitudes s'accordent avec celles qui ont été obfervées & avec les routes qui ont été faites dans ce paffage.

Dans le Pilote Anglois toute cette partie eft un amas d'Ifles, entre lefquelles il n'eft pas aifé de diftnguer le canal de neuf dégrés, qui n'auroit, felon ces Cartes que 15 à 20 lieues de largeur, tandis qu'il doit avoir au moins 30 ou 35. lieues. D'ailleurs les Ifles qui forment la paffe , n'y font pas dans leur vraye latitude. L'Ifle d'Andaro , autrement Qualpini, qui eft par les 9. dégrés 30 minutes; tandis que fa Partie Méridionale doit être par les 10 dégrés 4. minutes. La Syrene 1728. & la Galatée en 1733. ayant pris hauteur auprès; l'ont trouvé ainfi. Le Vaiffeau le Phenix , en 1736. a traverfé ce Canal par la latitude de 9. dégrés, fans rien voir. Le Lys en 1730. l'a paffé par celle de 9 dégrés 30 à 40. minutes, & n'a eu aucune connoiffance de terre. Ces remarques font fuffifantes pour affûrer les corrections qu'on fait dans cette Partie.

Le Cap Comorin établi à 75 dégrés 36. minutes de longitude, donne la pofition de l'Ifle de Ceylan : car comme la diftance de l'un à l'autre eft fort petite , les Routes de Navigation n'y font pas fufceptibles d'erreurs , comme on peut le voir par le rapport exact qu'on a trouvé dans celles (a) qu'on a réduit, qui ont donné du Cap Comorin à la pointe de Gale, environ 50 lieues au Sud-Eſt quart d'Eſt 3. degrés Sud.

La Carte Hollandoiſe marque au moins 75. lieues, ce qui fait une erreur de 25. lieues : la remarque en a été faite par pluſieurs Navigateurs.

Le Capitaine du Vaiſſeau le Dauphin en 1736. dit : *J'ai remarqué qu'il n'y a pas autant de chemin du Cap Comorin à Ceylan qu'il eſt marqué ſur les Cartes.* Celui du Vaiſſeau le Philibert en 1733. s'exprime ainſi : *Venant du Cap Comorin nous avons été ſurpris de voir la Terre de Ceylan, il faut que les Courans nous ayent porté à l'Eſt en 16. heures de tems, au moins 25. lieues, & cependant nous n'avons trouvé que 3. minutes de différence de la hauteur à l'Eſtime, ou bien les Terres ſont mal marquées ſur les Cartes.* Celui du Vaiſſeau la Galatée en 1731. dit : *Il faudroit que les Courans nous ayent porté 24. lieues dans l'Eſt, depuis le Cap Comorin à l'attérage de Ceylan, ou que les Terres de cette Iſle ſoient marquées trop à l'Eſt de cette diſtance.*

On a rapporté ces exemples non-ſeulement pour appuyer nos corrections, mais auſſi pour faire voir que les Navigateurs attribuent ſouvent à ces courans imaginaires, des erreurs qui ne viennent que de la fauſſeté des Cartes.

On remarquera encore qu'on a donné moins de largeur de l'Eſt à l'Oueſt à l'Iſle de Ceylan, que ne lui en donnent toutes les Cartes ; & comme il ſeroit trop long de rapporter les Obſervations dont on s'eſt ſervi pour rectifier toute la partie du Sud & de l'Eſt de cette Iſle ; on peut voir les Journaux des Vaiſſeaux de la Compagnie des Indes, la Badine 1733. l'Apollon 1735. le Fleury 1737. le Duc de Chartres 1729. le Mercure 1727. &c. d'où il réſulte qu'eu égard à Pontichery, Ceylan eſt ſur les Cartes un degré au moins trop à l'Eſt : de ſorte que les Navigateurs qui partent de Pontichery croyant venir reconnoître l'Iſle à 2. ou 3. lieues de diſtance, ſont ſurpris de s'en trouver plus de 20. à 25. lieues dans l'Eſt ; comme il eſt arrivé aux Vaiſſeaux le Mercure 1727. le Duc de Chartres 1731. le Dauphin 1736. & autres.

On a une Obſervation Aſtronomique de la hauteur du Pole à la Baye de Trinquemale, & pluſieurs Latitudes obſervées à la Mer près de divers endroits de l'Iſle, qui ont fait connoître que la partie Septentrionale de Ceylan, appellée Jafanapatnam, eſt

(a) Sept Navigateurs différens Sçavoir, la Syréne, 1724. le Condé, la Galatée, 1734. le Duc d'Anjou, le Prince de Conti, le Lys 1735. la Ducheſſe, 1734.

au moins de 35. minutes trop au Nord dans la Carte Angloife.

Pontichery à la Côte de Coromandel eft, fuivant l'Obfervation Aftronomique, par 78. dégrés de longitude Orientale, & par la latitude 11. degrés 55. minutes. On a comparé cette Obfervation de latitude avec quelques-unes qui ont été faites à la Mer, & l'on a trouvé un accord bien précis entre l'Aftronome & le Navigateur. Dans le Journal de la Campagne du Vaiffeau du Roi le Coche en 1687. le premier Pilote dit : *Je trouve Pontichery par la latitude de* 11. *degrés* 55. *minutes.* Dans le Journal du Vaiffeau de la Compagnie des Indes le Bourbon en 1729. *latitude o'fervée Eft & Oueft de Pontichery* 11. *degrés* 54. *minutes.* On s'attache à démontrer la jufteffe des Obfervations faites à la Mer, parce que prefque toutes les corrections, & même les plus importantes font tirées des Journaux de Navigation.

Le détail particulier de la Côte de Coromandel, depuis Pontichery jufqu'à la pointe des Palmiers, eft pris fur deux Cartes en grand point qui font dans le Pilote Anglois, dont on a rectifié les latitudes, au moyen de la hauteur du Pole que l'on a de S. Thomé & de Madrafpatam, & des latitudes obfervées à la Mer près de Mazulipatam, du Cap Karapar, de Jean Grenat & de la pointe des Palmiers : à l'égard de la longitude de cette pointe, il a fallu la chercher par les Routes de Navigation, en prenant le point Aftronomique le plus prochain pour avoir moins d'erreur ; on en a réduit fix différentes (a) partant de Pontichery, qui ont donné le Nord-Eft quart de Nord trois degrés Eft, environ 220. lieues, ce qui met la pointe des Palmiers par les 85. degrés de longitude : au lieu que fur les Cartes de Piéter-goos cette pointe eft par les 91. degrés 30. minutes.

On a réduit auffi trois grandes (b) Routes venant du Cap de Bonne-Efpérance, qui ont donné de ce Cap à la pointe des Palmiers environ 67. dégrés & un quart en longitude ; fi l'on ajoute ces 67. degrés 15. minutes à 17. degrés 45. minutes, longitude du Cap de Bonne Efpérance, on aura 85. degrés pour celle de la Pointe des Palmiers, conforme à celle trouvée ci-deffus. Cette pofition s'accorde d'ailleurs avec la projection générale du Golfe de Bengale, & avec le détail particulier de la Côte de Coromandel.

(a) Journaux des Vaiffeaux de la Compagnie des Indes.

La Syréne, 1724. le Philibert, 1731. le même en 1733. la Ducheffe, 1734.

le Duc d'Anjou allant & revenant, 1735.

(b) Le Philibert, 1731. le Philippeau 1698. allant & revenant.

La suite de la Côte depuis la pointe des Palmiers jusqu'à la presqu'Isle de Malacca, est tiré d'une Carte manuscrite qui est au Dépôt, dressée par les Ingenieurs & Pilotes embarqués sur les Vaisseaux du Roi, lors des établissemens de Siam & de Merguy en 1686. & années suivantes, qui comprend le Golfe de Bengale, très-bien detaillé, & sur-tout les entrées du Gange, & les Côtes de Pegou & de Siam jusqu'à l'Isle de Jonsalam.

A l'égard de Merguy & Riviere de Tenasserim avec toutes les Isles qui sont à l'entrée ; on en a un plan particulier levé en 1687. par le Sieur la Marre, Ingénieur Hydrographe, qui a résidé plusieurs années dans le Royaume de Siam. Le tout s'accorde parfaitement avec les Observations Astronomiques de Bakam & de Syriam ; & avec celles faites par d'habiles Mathématiciens à Siam & Louvo.

La position de ces Côtes est encore prouvée par les Routes & le Remarques particuliéres des Navigateurs, on trouve dans les Journaux des Vaisseaux de la Compagnie des Indes, le Solide 1727. le Bourbon 1720. le Lys 1730. le Triton, le S. Louis 1732. le Phénix 1736. que leurs Routes réduites de Pontichery à Merguy, ou aux Isles Caboche, Tavaye & Tenasserim, ont toutes été l'Est 2 à 3. dégrés, Nord 330 à 35 lieues. Ce qui est conforme à la nouvelle Carte, au lieu que sur celle de Piéter-Goos il n'y a que 310 lieues, erreur de plus de 20 lieues dont plusieurs Navigateurs se sont apperçus. Le Capitaine du Vaisseau le Bourbon 1729. venant de Pontichery, dit : *J'ai remarqué à mon atterage à l'Isle Caboche, que ces Terres sont 20. lieues plus à l'Est qu'elles ne sont marquées sur Piéter-Goos, comme je l'ai trouvé dans d'autres campagnes allant & venant de Merguy.*

Dans la Route de Pontichery à Merguy on trouve les Isles Prisparis, des Cocos, Andamaon, & autres, dont la position est différente de ce qu'elle est marquée dans les Carres. Le Capitaine du Vaisseau le Phénix en 1736. remarque que du bout du Nord des Isles de Cocos à l'Isle Caboche, il y a d'une Terre à l'autre 76 lieues & demi à l'Est Sud Est un degré 30 minutes Est, ayant observé même chemin, tant en allant qu'en revenant, il ajoute, *les Cartes marquent plus de chemin qu'il n'y en a ;* effectivement la Carte plate Angloise de Thornton y met près de 100 lieues. Les mêmes remarques ont été faites dans le Vaisseau le Bourbon 1728. le Chauvelin 1733. le Griffon 1732. & le Lys 1730. On y a fait aussi des Observations sur la position de ces Isles entr'elles, on y a pris hauteur, &c. Si l'on rapproche toutes ces diverses corrections sous un même point de vûë, le concours & l'union qu'on trouve dans toutes les parties, font de grandes preuves de leur justesse.

L'Observation Astronomique de Siam confirmée par celle de Louvö, qui n'en est éloigné que de 13. lieues, & celle faite à Pol Condor ou Isle Condor, ont donné des points fixes de longitude, ausquels tout le détail particulier du Golfe Siam & Isles voisines doit être assujetti.

Il y a au Dépôt deux grandes Cartes très-détaillées comprenant tout le Golphe de Siam & les Isles de Borneo, Banca, Java & Sumatra. Ces Cartes font au même point & la suite l'une de l'autre ; elles ont été dressées sur les lieux par le premier Pilote du Vaisseau du Roy l'Oiseau en 1687. avec ses routes tracées en allant & en revenant. Elles font encore accompagnées du Journal exact de toutes les routes & relevemens faits dans la traversée depuis le détroit de la Sonde jusqu'à Siam. On a comparé ces Cartes avec les points Astronomiques, & avec plusieurs routes & & remarques de différens Navigateurs. La justesse avec laquelle le tout a quadré, a déterminé à les copier en entier. Effectivement il n'y a eu que quelques légeres corrections à y faire ; pour les accorder avec un grand nombre d'Observations qui font répandues dans les Journaux, de forte qu'en partant du point fixe de Siam, ces Cartes nous ont donné la position de Batavia à environ 103 degrés 30 minutes de longitude, & la pointe du Nord de Sumatra à 93 dégrés & demi, telles qu'elles devoient se trouver en conséquence des autres points fixes, & de la projection générale de la Carte, comme on va le démontrer.

On a vû que Pontichery est par les 78 dégrés de longitude. Les Routes de Navigation (a) de ce lieu Achem ont été l'Est Sud-Est 12 degrés Sud 330 lieues, ce qui donne 15 degrés & demi pour la différence des Méridiens, ajoûtant ces 15 degrés & demi à 78 degrés, longitude de Pontichery, on aura 93 degrés 30 minutes pour celle de la pointe du Nord de Sumatra.

La position de Batavia a mérité une exacte discussion d'autant qu'on a une Observation Astronomique qui mettroit cette place à 98 degrés 30 minutes du Mériden de Paris, & que les Anglois ne la mettroient même qu'à 96 degrés ; mais on croit avoir des preuves suffisantes pour assurer que ces déterminations ne font point exactes, & que Batavia doit être à plus de 104 degrés de longitude.

Dans la Carte dressée par le P. Coronelli en 1687. sur les remarques des six Peres Jesuites Mathématiciens envoyés à la Chine en 1685. Batavia est environ à 125 degrés du Méridien de l'Isle

(a) Quatre routes tirées des Journaux des Vaisseaux de la Compagnie des Indes, le Griffon 1732. le Lys,1730. le Jupiter 1727. en allant & revenant.

de Fer, ce qui revient au 105. du Méridien de Paris, & de plus leur route y eſt tracée jour par jour.

Il y a au Dépôt le Journal du Pilotage de M. le Chevalier de Chaumont, envoyé à Siam en 1685. ſes routes réduites, du Cap de Bonne-Eſpérance au détroit de la Sonde, ont donné l'Eſt-Nord-Eſt quatre degres Eſt, environ 1620. lieues ; on a réduit auſſi celles du Vaiſſeau de la Compagnie des Indes, le Duc d'Anjou 1731. allant à la Chine, qui ont été l'Eſt-Nord-Eſt 3 dégrés Eſt, 1640 lieues : ce qui fait pour la différence des Méridiens entrele Cap de Bonne-Eſpérance & le détroit de la Sonde 84. dégrés & demi ; or il eſt conſtant que Batavia eſt 2 dégrés & demi plus oriental que le détroit de la Sonde, ainſi c'eſt 87. dégrés de longitude entre Batavia & le Cap de Bonne-Eſpérance ; & comme ce Cap eſt 17. dégrés 45 m. à l'Orient du Méridien de Paris ; Batavia doit donc en être à 105 dégrés 45. minutes : mais ce qui a paru de voir nous déterminer, ce ſont les petites routes (a) faites d'une terre à l'autre depuis le détroit de la Sonde juſqu'à Pol-Condor & Siam ; ces routes réduites & jointes enſemble donnent de Batavia à Pol-Condor le Nord un ou deux dégrés Eſt, environ 300. lieues, ainſi Batavia & Pol-Condor ſont preſque par la même longitude. Or l'obſervation aſtronomique faite à cette Iſle, l'a trouvé 105 dégrés plus orientale que Paris ; donc Batavia doit être par les 104. dégrés 30 ou 40 minutes de longitude, ce qui eſt conforme aux remarques précédentes. A tout ce qu'on vient de voir on peut ajoûter que M. de la Hire dans ſes Tables Aſtronomiques, & quelques autres Aſtronomes après lui, ont déterminé Batavia à 104. dégrés à l'Orient du Méridien de Paris.

On ne s'étendra point ici ſur le contour de ces côtes, & le giſſement particulier de toutes les Iſles de ce vaſte Archipel, car comme la petiteſſe du point, où l'on eſt forcé d'aſſujettir les Cartes générales ne nous a pas permis d'entrer dans les détails néceſſaires pour la navigation de ces parages, on donnera dans la ſuite cette partie en grand, & alors on diſcutera les corrections qu'on a été obligé de faire, , qui ſont en très-grand nombre : mais on peut aſſurer d'avance que cette partie a été travaillée avec ſoin, & qu'on n'a rien négligé pour la rendre exacte ; les routes, relevemens, les latitudes obſervées, tout a été mis en uſage ; auſſi la trouvera-t on bien différente de ce qu'elle eſt dans les Cartes Angloiſes & Hollandoiſes.

[a] Voyez les Journaux des Vaiſſeaux de la Compagnie des Indes. La Danaée 1730. le Neptune 1731. le Triton 1732. le Comte de Touloufe 1733. le Condé 1734. & le Vaiſſeau du Roi l'Oiſeau en 1685.

Les côtes de Camboge, de la Cochinchine, de Tunquin, & de la Chine, font déterminées par les deux obfervations aftronomiques faites à Pol-Condor & à Canton. On a vû au commencement de cette Analyfe, la différence en longitude de cette place avec celles que lui donnent les Cartes Angloifes & Hollandoifes, & l'erreur qui en réfulte fur la projection générale : on va démontrer que toute cette partie de côtes n'y eft pas plus exacte en elle-même, c'eft-à-dire que fon détail jette dans une erreur confidérable.

Pol-Condor eft par les 105. degrés de longitude, Canton par les 110. degrés 40 minutes, la différence des Méridiens eft donc 5. dégrés 40. minutes. La Carte Hollandoife la donne de 7 dégrés 20. minutes, auffi-bien que la Carte Angloife : c'eft près de 2 degrés de trop vers l'Eft, qu'il faut retrancher depuis Pol-Condor jufqu'à Macao. Il eft aifé de juger quel changement cela doit faire dans le giffement de la côte & dans les airs de vent & les diftances d'un lieu à un autre. C'eft ce qui a été reconnu par plufieurs Navigateurs, qui trouvant moins de chemin de Pol-Condor à Macao, qu'il n'en étoit marqué fur les cartes, croyoient que les courans portoient confidérablement à l'Eft dans ces parages.

Dans le Journal de la Campagne du Vaiffeau le Triton en 1731. on voit qu'on y a fait de Pol-Condor à Macao environ 2. degrés de moins en longitude que fa carte ne marquoit, ajoûtant qu'il faut que les courans les ayent porté 39 lieues à l'Eft quart de Nord-Eft.

Un autre Navigateur remarque que depuis Pol-Sapate près de Pol-Condor jufqu'aux Ifles Viados qui font l'entrée de la baye de Canton, le Vaiffeau s'eft trouvé à l'Eft de fon eftime, c'eft-à-dire qu'il avoit fait moins de chemin de Pol-Sapate aux Ifles Viados qu'il n'eft marqué fur les cartes, quoique les vents, ajoûte t-il, ayent toujours été de l'Eft.

Sur de pareilles remarques il eft aifé de fentir le vrai, & c'eft ainfi que l'on trouve prefque toujours les Navigateurs d'accord avec les Obfervations Aftronomiques.

La côte de la Chine depuis Canton jufqu'au Tunquin eft copiée fur les Cartes levées fur les lieux par les Jéfuites, & données au Public par le Révérend Pere Duhalde en 1733. Il y a lieu de les croire exactes, & nous les avons trouvées telles dans le peu que nous en avons vérifié : fur quoi on remarque que Macao eft par les 22 dégrés 15 minutes de latitude, tandis que la Carte Angloife met cette place par 22 degrés 45 minutes, erreur bien
dangereufe

dangereufe à un attérage , & qui n'eft pas la feule de cette nature dans le Pilote Anglois.

La côte de Tunquin & de Cochinchine eft prife fur les Cartes
que l'on a crû les meilleures. Il y en a plufieurs manufcrites au
Dépôt , qui font en grand point & affez détaillées. On a confulté
auffi les remarques particulieres que le Capitaine Dampiere Anglois & très-habile Pilote , a fait en naviguant le long de ces
côtes.

Les terres de la nouvelle Hollande appellées terres d'Endraƈt
& de la Concorde , font placées en conféquence de la détermination de l'Ifle de Java ; car comme elles n'en font pas éloi-
gnées , & que la route eft prefque Nord & Sud , l'eftime (a) des
Navigateurs nous en a donné la pofition avec affez d'exaƈtitude
pour ne point craindre d'erreurs fenfibles ; de forte qu'en les rapportant avec foin , on trouve la partie la plus Occidentale de
ces terres par les 105. degrés de longitude , tandis que la Carte
Hollandoifes de Piéter-Goos la met par les 110. degrés , & la
Carte Angloife par cent degrés au plus.

Quoique cette détermination foit fuffifamment conftatée , on
la peut prouver encore par le concours de quelques autres
points.

1°. On a au Dépôt le Journal de la navigation de trois Vaiffeaux
Hollandois appellés le Pinfon jaune , la Tenaille & la Belette ,
envoyés par la Compagnie des Indes Orientales en 1696. pour
la découverte des terres Auftrales. Ces Navigateurs ont trouvé
du Cap de Bonne-Efpérance aux Ifles de Saint-Paul & d'Am-
fterdam environ 55. degrés & demi en longitude ; & depuis ces
Ifles jufqu'à leur arrivée aux terres les plus Occidentales de la
nouvelle Hollande par les 25. degrés de latitude , ils ont fait 31.
degrés 45. minutes en longitude , ce qui met cette partie environ
105. degrés à l'Orient du Méridien de Paris , comme elle eft marquée fur la nouvelle Carte.

2°. Le Capitaine Dampierre en 1700. partant du Cap de
Bonne-Efpérance , a trouvé à l'attérage de la Baye des Chiens

(a) Routes de M. Duquefne Commandant le Vaiffeau du Roi l'Oifeau en
1687. qui après avoir reconnu les terres
de la nouvelle Hollande , fit route pour
le Détroit de la Sonde.

Route de Pelfart Anglois en 1629.
en rangeant les terres d'Endraƈt & de
la Concorde jufqu'au Détroit de la Sonde.

Routes du Capitaine Dampierre fur
le Vaiffeau le Chevreuil en 1699. &
1700. qui a rangé toutes les côtes de
l'Oueft & du Nord de la nouvelle Hollande , & fait route pour la partie Orientale de Java , &c.

Routes de trois Vaiffeaux Hollandois
en 1697 , &c.

Marins la plus Occidentale des terres de la nouvelle Hollande, qu'il avoit fait 87. degrés en longitude, ce qui met encore cette partie par les 105. degrés conformément à notre Carte, & à ce qui résulte de la détermination de la pointe de l'Ouest de Java.

Il n'a pas été possible de faire cette Analyse plus courte, vû l'extrême difference qui se trouve entre la nouvelle Carte & toutes celles qui ont paru jusqu'à présent. Il falloit du moins rendre compte des Observations sur lesquelles les principales corrections sont appuyées. On a même passé légerement sur plusieurs endroits, on en a supprimé d'autres. On s'est contenté aussi de donner le résultat des calculs sans détailler les opérations, qui sont faciles pour tous ceux qui ont les premiers principes de la navigation; mais pour mettre tout le monde à portée d'en vérifier l'exactitude, on a cité le plus fidelement qu'on a pû les Journaux sur lesquels on a travaillé : le nombre en est prodigieux aussi-bien que le travail qu'il a fallu faire pour en tirer le fruit qu'on se proposoit. On a observé de tracer jour par jour toutes les routes pour connoître les differens endroits de la Mer où il a passé des Vaisseaux. Ces mêmes routes ont été réduites chacune par le calcul avec toute l'attention possible, pour en retirer les airs de vent & les distances d'une terre à l'autre. Les observations de latitudes faites à la vûe des terres, & celles qui tendent à la correction des Cartes, ont été également rassemblées suivant les régles que nous nous sommes prescrites ; ce que l'on croit devoir faire observer, moins pour relever le mérite du travail, que pour justifier les changemens qu'on a été forcé de faire. Ils sont si considérables, qu'on ose dire qu'ils méritent l'attention des Sçavans & des Curieux, autant qu'il paroît qu'ils seront utiles aux Navigateurs. On se fera toujours un plaisir de communiquer aux uns & aux autres tout ce travail, & les Cartes de comparaison dressées pour faire voir d'un coup d'œil la différence des Cartes Angloises & Hollandoises entr'elles, & avec la nouvelle Carte.

Quoiqu'il y ait au Dépôt plusieurs Journaux, tant des Vaisseaux du Roi que des Particuliers qui on fait la navigation des Indes à la fin du Siécle dernier & au commencement de celui-ci, & même des Journaux Etrangers, on auroit encore manqué de remarques dans beaucoup d'endroits sans les Journaux des Vaisseaux de la Compagnie des Indes, que Mr. de Fulvy & Messieurs les Directeurs ont bien voulu nous communiquer, dès qu'ils ont fçu l'ufage qu'on en vouloit faire, & l'avantage que la Nation en pouvoit retirer.

Malgré tous ces fecours, la Carte des Indes renferme tant de parties différentes & un détail fi confidérable, qu'on ne peut fe flatter qu'il n'y ait encore beaucoup de corrections à faire, & qui ne fe connoîtront, que lorfqu'elles auront été quelque tems entre les mains des Navigateurs, & qu'ils l'auront examiné dans le cours de plufieurs Voyages.

De l'Imprimerie de la Veuve DELATOUR, rue de la Harpe. 1751

9 782019 976279